AF262132

[handwritten note] ... 1910
[signature]

INSTRUCTION

SUR

LE CHAMP DE MAI,

EN 1815.

INSTRUCTION

SUR LES OPÉRATIONS

DE L'ASSEMBLÉE EXTRAORDINAIRE

DU CHAMP DE MAI,

PAR M. L. S. G. L. B. R. T. C. R. D. S. S. S. N. S,

ÉLECTEUR EN 1790 ET 1791.

A PARIS,

CHEZ TOUS LES MARCHANDS DE NOUVEAUTÉS.

26 MAI 1815.

A L'ASSEMBLÉE EXTRAORDINAIRE

DU CHAMP DE MAI.

FRANÇOIS,

Si vous êtes toujours dignes de ce beau titre ; si vos cœurs palpitent encore aux doux noms de patrie, de liberté, lisez cet ouvrage ! sauvez la liberté, la patrie ! sauvez la France, et avec la France, sauvez l'Europe !

Si la patrie ne voit plus en vous, enfans dégénérés, que les esclaves d'un Corse, accourus à l'ordre du tyran pour lui vendre et le peuple et tous ses droits, lisez encore ! Que la honte, le remords, l'horreur du mépris

viij

et de la haine du monde vous rendent à vos devoirs ! Sauvez le peuple françois, et avec lui sauvez l'Europe !

L. S. G. L. B. R. T. C. R. D. S. S. S. N. S.

INSTRUCTION

SUR LES OPÉRATIONS

DE L'ASSEMBLÉE EXTRAORDINAIRE

DU CHAMP DE MAI.

Un acte du 13 mars dernier, signé *Napoléon*, daté de Lyon, nous a appris, le 21, que *les colléges électoraux des départemens de l'empire seroient réunis à Paris, dans le courant du mois de mai suivant, en assemblée extraordinaire du champ de mai, afin de prendre les mesures convenables pour corriger et modifier nos constitutions, selon l'intérêt et la volonté de la nation.*

Cet acte avoit en même temps promis à ces colléges électoraux le spectacle du *couronnement de l'impératrice, la très-chère et bien-aimée épouse de Napoléon,* et de celui de son cher et bien-aimé fils.

Le 23 avril, a paru un autre acte daté du 22, contenant présentation par Bonaparte, *à notre acceptation libre et solennelle,* de soixante-sept articles, auxquels a été donné le titre d'*acte addi-tionnel aux constitutions de l'empire*.

Cet acte additionnel institue une chambre de représentans qui doivent être élus par le peuple : il règle le mode suivant lequel il sera procédé à ces élections.

Un autre acte, du même jour 22 avril, nous a appris la forme suivant laquelle les François de-voient être admis à émettre individuellement leur vote sur ces additions aux constitutions de l'em-pire. On sait qu'une disposition expresse de cet acte a appelé les armées de terre et de mer à vo-ter sur ce nouveau pacte social ; que, par une autre disposition, il a été dit que le *dépouillement de tous les registres et le recensement de tous les votes auroient lieu à l'assemblée du champ de mai, qui étoit à cet effet convoquée à Paris pour le 26 mai.*

Le même jour 22 avril, un autre acte a dit que *cette assemblée du champ de mai seroit composée des membres de tous les colléges électoraux de département et d'arrondissement de l'empire, et des députations qui seroient nommées par tous les corps des armées de terre et de mer;* l'art. 5 ajoute que le *résultat du recensement général des votes sera proclamé au champ de mai, et que l'acte additionnel aux constitutions de l'empire sera promulgué et scellé du sceau de l'État.*

Enfin les registres destinés à recevoir ces votes

n'étoient pas encore ouverts; et le 30 avril, Bôna-
parte, fatigué de la *dictature* dont il s'est investi
en posant le pied sur le sol françois, a convoqué
les *électeurs des colléges de département et d'arrondissement dans leurs chefs-lieux respectifs, à
l'effet de procéder aux élections des députés à la
chambre des représentans.*

Cet acte dit aussi que les *députés nommés se
rendront à Paris pour assister à l'assemblée du
champ de mai, et pouvoir composer la chambre
des représentans,* que Bonaparte (y est-il dit) *se
propose de convoquer après la proclamation de
l'acte constitutionnel.*

Enfin un avis inséré dans les journaux du 9 mai
a annoncé que ce décret du 30 avril ne *dispensoit
pas les membres des colléges électoraux de se
rendre à Paris,* en exécution de celui du 22 ,
*pour procéder au dépouillement et au recense-
ment des votes sur l'acte additionnel aux constitutions; que l'intention de Bonaparte, en appe-
lant les députés à l'assemblée dans laquelle doivent se faire ces opérations, étoit d'y faire participer ceux des représentans qui n'appartiendroient
à aucun collége électoral.*

Quelle ample matière de réflexions offrent ces
actes ou décrets des 13 mars, 22 et 30 avril !

Napoléon, depuis dix ans empereur des François, avoit été chassé de son trône par la nation
toute entière.

Lui-même avoit librement, volontairement abdiqué le pouvoir impérial.

La Nation françoise, enfin délivrée de son joug, avoit rappelé Louis XVIII. Il avoit repris toute sa force, ce *contrat formé depuis neuf siècles entre la famille royale de France et toutes les familles françoises !*

Bonaparte était relégué au milieu de la Méditerrannée. La France respiroit enfin.

Le 26 février, Bonaparte sort de son île d'Elbe, méditant de ressaisir le suprême pouvoir en France, et d'en chasser son roi légitime.

Le 1er mars, il entre dans le golfe de Juan, et marche sur Paris. Le 10, il est maître de Lyon, et déjà il se croit maître de la France. Déjà, dans des actes datés de cette ville, qualifiés *décrets impériaux* (1), premiers signes du bouleversement général dont son apparition menace l'Europe, il annonce aux François qu'il est leur *empereur par la grâce de Dieu et les constitutions de l'empire ;* il leur apprend qu'il est leur unique, leur souverain législateur.

Par un de ces actes, il prononce la dissolution de la chambre des pairs et de la chambre des com-

---

(1) Des malins prétendent et prouvent que ces décrets, datés *de Lyon et du 13 mars,* ont été rédigés *à Paris le* 20. Comment croire à un faux de la part de Napoléon ?

munes, exerçant dans ce moment même avec le roi la puissance législative; c'est par cet acte qu'il a appelé seulement les électeurs des départemens de l'empire à cette *assemblée extraordinaire du champ de mai*, dans laquelle il annonçoit alors que seroient *corrigées et modifiées les constitutions impériales, selon l'intérêt et la volonté de la nation.*

Mais bientôt sa politique ombrageuse s'inquiète des dangers, dont le menace la discussion par les mandataires du peuple de la nouvelle constitution qu'il lui prépare.

Cette constitution est rédigée : des registres sont ouverts pour recevoir les votes des citoyens françois sur cette nouvelle œuvre; et voilà que ces électeurs des départemens, que le 13 mars la volonté de Bonaparte avoit élevés à la dignité de *corps constituant*, se voyent tout-à-coup, par un autre acte de la même volonté, contraints de descendre à un rôle bien différent : ils viendront, non plus seuls, mais avec les électeurs d'arrondissemens, et encore avec les députés de tous les corps des armées de terre et de mer, non plus pour discuter le projet de la nouvelle constitution, bien moins encore pour assister au couronnement de l'impératrice et du fils de Napoléon, dont on n'ose plus parler, mais pour *dépouiller des registres*, et pour *compter des votes*; et par une libéralité bien remarquable de Bonaparte, les représentans nommés par les collèges électoraux, qui n'appartiennent à aucun de ces collèges, seront associés aux électeurs dans cette grande et importante opération.

Électeurs, représentans, députés des armées, appelés à cette *assemblée extraordinaire du champ de mai*, quelle qu'ait été la pensée secrette de Bonaparte, lorsqu'il a ainsi, par ses décrets des 22 et 3o avril, détruit son ouvrage du 13 mars ; ô vous, que des hommes libres ont chargés de les représenter dans l'exercice de leurs droits les plus sacrés, vous vous montrerez dignes de ces hauts témoignagnes de confiance ! et dans la grande crise où vous ont jetés des événemens extraordinaires, vous saurez déployer aux yeux de la France et de l'Europe, qui vous contemplent, de nobles caractères, et des vertus d'un ordre peu commun !

Que vous demande le dictateur ?
Qui êtes-vous ?
Que devez-vous faire ?

Que veut de vous Bonaparte ?
Ses décrets des 22 et 3o avril vous l'ont dit ; électeurs, représentans, vous devez, réunis aux députés de tous les corps des armées de terre et de mer, faire le recensement des votes sur l'acte additionnel aux constitutions de l'empire.

Electeurs, qui êtes-vous ?
La réponse à cette première question, où devez-vous la chercher ?

(7)

Sans doute dans les sénatus-consultes organiques du 16 thermidor an 10, du 28 floréal an 12,
en vertu desquels vous avez été nommés, par lesquels existent les pouvoirs qui vous ont été
donnés.

Que disent ces sénatus-consultes, confirmés et
maintenus par l'acte additionnel du 22 avril, quant
aux dispositions non expressément modifiées par
lui (1)?

Quels pouvoirs vous ont été confiés en vertu
de ces lois?

Electeurs d'arrondissemens, les art. 28, 32 du
sénatus-consulte du 16 thermidor an 10 vous donnoient le pouvoir d'élire des candidats pour les
places vacantes dans le conseil de votre arrondissement, et des candidats aux places vacantes dans
le corps législatif.

Electeurs de départemens, les art. 30, 31 et
32 vous donnoient le pouvoir d'élire et des candidats pour les places vacantes dans le conseil général de votre département, et des candidats pour
les places au sénat, et des candidats pour les places
vacantes au corps législatif.

Aucune disposition, ni de ce sénatus-consulte
du 16 thermidor an 10, ni de celui du 28 floréal
an 12, ne vous a institués pour recenser des votes

____

(1) Tit. 2, art. 27.

émis par le peuple sur des constitutions présen-
tées à son acceptation; et l'on n'a pas oublié que
le recensement des votes sur la constitution consulaire de l'an 8, proclamé le 18 pluviose suivant,
avoit été fait par les consuls eux-mêmes; que le
recensement des votes sur la constitution impériale
de l'an 12, proclamé le 15 brumaire an 13, avoit
été fait par une commission spéciale du sénat.

Ce n'est point dans l'acte additionnel aux constitutions impériales du 22 avril, que vous irez
chercher le droit de dépouiller les registres contenant les votes du peuple sur cet acte.

1° Il est muet sur ce point.

2° S'il contenoit quelque disposition à cet
égard, pourroit-elle être mise par vous à exécution, lorsqu'il est encore incertain que cet acte,
sur lequel vous êtes appelés à vérifier le vœu du
peuple, ait été accepté par lui ; lorsqu'il n'a pu
encore recevoir le caractère sacré de loi d'une promulgation faite dans les formes prescrites par les
constitutions mêmes auxquelles il doit servir d'addition.

On ne manquera pas de dire que ce droit de
recenser les votes du peuple sur cet acte additionnel aux constitutions de l'empire, vous le tenez
de ce décret du 22 avril qui vous a convoqués en
assemblée extraordinaire du champ de mai, pré-
cisément à l'effet de procéder à ce recensement.

(9)

Electeurs, vous vous demandez ce que c'est que
ce décret, de quelle autorité il émane, et quelle
obéissance lui est due par des corps légalement,
constitutionnellement organisés comme vous l'êtes;
et s'il en est parmi vous qui reconnoissent que Bonaparte a pu légalement s'investir de ce pouvoir
dictatorial qu'il a dit tenir *des circonstances et de
la confiance du peuple* (1); qui, dans la république
romaine, faisoit partie de la constitution même de
l'Etat; mais que nul de nos sénatus-consultes impériaux n'avoit en aucun temps organisé en France;
que ces hommes si faciles daignent nous le dire :
entendent-ils que cette dictature ait donné à Bonaparte seul un véritable pouvoir constituant,
qu'elle lui ait conféré le droit de changer les constitutions impériales par un acte de sa seule volonté, de créer de nouveaux pouvoirs, d'ajouter à
ceux que ces constitutions donnent aux corps institués par elles? Si leur croyance politique s'élève
jusque là, nous essayerons de les ramener à une
doctrine moins favorable peut-être au dictateur,
mais que le dictateur lui-même ne pourra pas com-
battre, puisqu'elle émane de lui-même, de son
propre conseil d'état.

Dans la déclaration faite par ce conseil le 25
mars, solennellement remise à Napoléon le 26,
qui commence par les principes de la démagogie

____

(1) Préambule du décret du 30 avril 1815.

2

pure, et se termine par la réorganisation du despotisme impérial, les conseillers de sa majesté ont annoncé à la France que *l'Empereur devoit exercer et faire exercer, conformément aux constitutions et aux lois existantes, le pouvoir qu'elles lui avoient délégué.*

Ainsi a été tracé le cercle dans lequel, s'il faut en croire ses conseillers, doit s'exercer ce pouvoir de Napoléon, que, pour parler encore le langage de ses conseillers, *le vœu et l'intérêt général du peuple françois lui ont fait un devoir de reprendre.* Certes, ceux qui connoissent et ces lois et ces constitutions, et les interprétations qui leur ont été données par l'exécution, ne diront pas que sa majesté soit placée dans un cercle trop resserré, qu'elle doive s'y trouver à l'étroit.

Or, il a été démontré qu'aucune de nos lois antérieures à la révolution du 20 mars ne donnoit aux électeurs le pouvoir de recenser les votes émis par le peuple ; il n'en existe non plus aucune qui ait investi le chef de l'empire du droit de leur conférer ce pouvoir : il faut donc conclure hardiment que ce pouvoir conféré aux électeurs par le décret du 22 avril, l'a été sans droit; que ce décret, rendu par le dictateur sans droit, sans pouvoir, au moins à cet égard, n'a transmis aux électeurs aucun droit, aucun pouvoir.

Ainsi, voilà qu'il vous est démontré, Électeurs, que ce droit de recenser les votes du peuple sur

l'acte additionnel aux constitutions de l'empire,
que l'on veut vous faire exercer aujourd'hui, ne
vous a été conféré ni par les constitutions de l'empire, ni par l'acte additionnel, ni par le décret du
22 avril.

Et vous, Représentans, apprenez-nous qui vous
a conféré le droit de procéder à ce recensement?

Vous allez répondre que vous tenez ce droit de
votre qualité de *représentans*, ainsi que du décret
du 30 avril, et de la note du 9 mai, qui vous ont,
en cette qualité, appelés à cette opération.

Ici tâchons de bien nous entendre. D'abord est-
il bien vrai que le décret du 30 avril vous ait appelés comme *représentans* à procéder à ce recensement, conjointement avec les électeurs?

L'art. 5 porte que les *députés nommés par les
assemblées électorales se rendront à Paris pour
assister à l'assemblée du champ de mai, et pouvoir
composer la chambre des représentans, que nous
nous nous proposons*, a dit Bonaparte, *de convoquer après la proclamation de l'acte constitutionnel.*

Cette convocation des représentans à l'assemblée du champ de mai emporte-t-elle nécessaire-
ment le droit de participer avec les électeurs au
recensement des votes?

Quel a été, dans l'origine, le but de cette assemblée? Le décret du 13 mars et la déclaration du

conseil d'état du 25 l'ont dit : *La révision par les collèges électoraux de départemens* (seulement) *des constitutions nationales, le couronnement de l'impératrice, celui de son fils.* Quelques semaines après, la volonté du dictateur a changé : il a donné à son assemblée un autre but, d'autres élémens. Cette fois, les collèges électoraux de départemens, et aussi ceux d'arrondissemens, et encore des députés des armées, ont été convoqués

1° Pour dépouiller les votes sur l'acte additionnel aux constitutions, pour en faire le recensement général (art. 3, 4, décret du 22 avril);

2° Pour être présens à la proclamation du résultat de ce recensement, et à la promulgation de l'acte additionnel (art. 5.);

3° Pour être présens à la prestation du serment de l'empereur (art. 6);

5° Pour prêter serment eux-mêmes (art. 6);

4° Pour recevoir les aigles qui seront distribuées aux collèges électoraux de chaque département (art. 9).

Voilà beaucoup de choses, et de grandes et belles opérations ! On conçoit que d'autres corps, d'autres individus ont pu et pourront être appelés au champ de mai, pour une partie seulement de ces opérations, et ne le seront pas pour une autre; qu'ainsi ils seront appelés à assister à la proclamation du recensement des votes, à la promulgation de l'acte additionnel, à la prestation des sermens, à la dis-

(13)

tribution des aigles, et qu'ils ne le seront pas à
procéder avec les électeurs au recensement des
votes.

Lors donc que le décret du 3o avril, art. 5, a
dit que *les députés nommés par les assemblées
électorales se rendroient à Paris pour assister à
l'assemblée du champ de mai*, il n'est pas exact de
dire que par là leur ait été donné le pouvoir de
participer, avec les électeurs, au dépouillement des
votes, dont ceux-ci seulement avoient été chargés
par le décret du 22 avril.

Pour ma part, j'espère bien aussi être appelé à
ce champ de mai, et être appelé à quelques-unes
des augustes cérémonies, dont on veut nous donner le spectacle. Je ne serai point, du moins je l'espère, assez mauvais logicien, pour conclure de la
lettre de convocation qui me sera infailliblement
adressée, que j'aurois eu le droit de dépouiller,
de recenser les votes des citoyens de ma commune,
de mon canton, de mon arrondissement, de mon
département.

J'entends que les *représentans*, jaloux de ces
fonctions de *scrutateurs*, vont m'opposer la note
insérée aux journaux du 9 mai. Je sais que cette
note a levé tous les doutes; qu'elle a déclaré deux
choses, la première, que *le décret du 3o avril ne
rapportoit pas celui du 22 , suivant lequel les membres des colléges électoraux de départemens et d'arrondissemens...... doivent composer l'assemblée du*

champ de mai; la deuxième, que *S. M. avoit voulu
faire participer aux opérations de cette assemblée
ceux des représentans qui n'appartiendroient à
aucun collége électoral :* ainsi, plus d'équivoque
(*grâces à la note*). La *note* nous apprend que les
représentans doivent participer aux opérations de
l'assemblée du champ de mai; point d'exception;
donc, suivant *la note*, les *représentans* ont le droit
de procéder, conjointement avec les électeurs, au
dépouillement des votes.

Toutefois, qu'on me permette une question :
depuis quand l'interprétation de nos lois se fait-
elle par des *notes* dans les journaux? quel est ce
nouveau mode de transmission au peuple de la
volonté de son souverain maître? nous connois-
sions autrefois les *sénatus consultes organiques* (1),
*les sénatus consultes simples, les actes du sénat,
les lois, les décrets impériaux.* Voici une nouvelle
forme législative, *l'insertion aux journaux d'une
note interprétative de la loi.* Bénissons l'inventeur
de ce mode assez expéditif! Heureuse la *grande
nation*, la nation *en qui réside la souveraineté*,
avec laquelle son délégué daigne communiquer par
des voies aussi respectueuses! En attendant le moment, qui n'est pas loin sans doute, où il lui fera
notifier sa volonté, non plus par des *notes de jour-*

____

(1) Art. 137 , senat. cons. , 28 floréal an 12.

nal, mais par le sabre de ses mameluks, ou le bâton de ses cadis !

Admettons cependant, pour éviter tout reproche de chicane, que le décret du 3o avril vous a appelés pour dépouiller, avec les électeurs, pour recenser les votes, et qu'il vous a appelés comme *députés nommés à la chambre des représentans.*

Mais voici bien une autre série de questions; et je ne sais comment vous vous en tirerez.

Cette qualité de *représentans,* de qui la tenez-vous ?

Du collége électoral d'arrondissement, ou de département, qui vous a élus ?

Mais en vertu de quelle loi vous a-t-on élus ?

Vous répondez : En vertu de l'acte additionnel du 22 avril, qui a remplacé le sénat défunt par la chambre des pairs, et l'ancien corps législatif par une chambre des représentans, et qui a maintenu les colléges électoraux de département et d'arrondissement, sauf de légères modifications. Vous ajoutez que vous avez été élus très-régulièrement en vertu du décret du 3o avril, qui a convoqué ces colléges électoraux, à l'effet de procéder, conformément à cet acte additionnel, à l'élection des députés à la chambre des représentans.

Ainsi, votre titre de *représentans* vous a été conféré par des électeurs, en vertu de l'acte additionnel du 22 avril.

Mais qu'étoit-ce donc que cet acte additionnel

au temps où vous avez été élus? Qu'est-ce encore, aujourd'hui, que vous vous disposez à faire le dépouillement des votes du peuple françois?

Oserez-vous soutenir que cet acte, depuis son insertion dans les journaux, même dans le Bulletin des lois, a eu un seul moment le caractère, la force de la loi? Le Code civil porte, art. 1 : « Les lois sont » exécutoires dans tout le territoire françois, en » vertu de la promulgation qui en est faite par » l'empereur ».

L'art. 5 du décret du 22 avril a dit : « Que le » recensement général des votes seroit proclamé » par *l'assemblée du champ de mai,* et que l'acte » additionnel aux constitutions seroit promulgué » et scellé du sceau de l'Etat ».

Raisonnons, et surtout soyons de bonne foi.

Une loi n'est exécutoire qu'en vertu de la promulgation qui en est faite.

L'acte additionel aux constitutions doit être promulgué, après la proclamation, dans l'assemblée du champ de mai, du recensement général des votes.

Donc, jusqu'au recensement des votes, jusqu'à sa proclamation, jusqu'à la promulgation de l'acte additionnel, cet acte n'aura jamais eu force de loi; il n'aura jamais été qu'un projet de loi, de constitution, dont le sort est demeuré dépendant du résultat du recensement des votes, et est, comme lui, très-incertain; et tout ce qui a été fait, tout ce qui se fera jusqu'à cette promulgation, l'aura été en vertu d'une loi, qui n'existe pas encore, d'une loi encore *dans le néant.*

Maintenant, dites-moi, quel peut être le produit d'une loi encore *dans le néant?*

Qu'est-ce qu'une élection faite en vertu d'une loi encore *dans le néant?*

Quelle sera la validité de ce recensement des votes, auquel vous allez procéder en vertu d'une qualité que vous tenez d'une loi encore *dans le néant?* Depuis quand *le néant* peut-il produire autre chose que *le néant?* Et qu'est-ce enfin que ce décret du 30 avril, qui, supposant déjà accepté, déjà promulgué, déjà exécutoire, comme loi de l'Etat, cet acte additionnel du 22, soumis à l'acceptation du peuple, encore inconnu de la plus grande partie de la France, en commande déjà l'exécution? Que sont les actes d'exécution de ce décret? Quels droits ont-ils pu transmettre (1)?

Quand vous aurez répondu à ces questions, pourrez-vous aussi m'expliquer par quel renversement de toutes les idées, de toutes les règles, de tous les principes, il arrive que vous vous trouviez

---

(1) L'histoire des tyrans qui ont successivement ensanglanté la terre, et dégradé l'espèce humaine, n'offre rien de comparable à ce décret du 30 avril. La nation, chez laquelle cet acte de la volonté d'un homme, qui n'a d'autre droit que celui de la force, a pu recevoir son exécution, est jugée.

élus membres d'une chambre créée par la nouvelle constitution, avant qu'il ait été reconnu que cette constitution avoit vie, avoit été acceptée par le peuple? Comment il arrive que ce soit en votre qualité de membres déjà élus de cette chambre, dont l'existence est encore incertaine, que vous soyez appelés à recenser les votes du peuple sur la question de savoir si cette chambre existera et fera partie du corps législatif; si vous existerez vous-mêmes, comme faisant partie de cette chambre?

Convenez que votre qualité de *représentans,* en vertu de laquelle vous vous disposez à procéder au recensement des votes sur les additions à nos cons-titutions, sort d'une source vicieuse, nulle, puis-que vous la tenez d'un acte qui n'a encore aucun principe de vie; qu'ainsi elle ne vous donne aucun droit de prendre part à ce recensement.

Nous ne devons pas oublier qu'outre *les électeurs non représentans, et les représentans non électeurs,* Bonaparte a appelé à son *assemblée vraiment très-extraordinaire du champ de mai* des députés de tous les corps des armées de terre et de mer.

A leur égard, outre que les argumens que nous venons d'opposer aux représentans et aux électeurs leur sont communs, leur défaut de pouvoir, ou la nullité de ceux que leur attribuent les décrets des 22 et 30 avril se prouve par une disposition expresse de la constitution du 22 frimaire an 8.

Donner aux armées le droit d'envoyer des députés à une assemblée, c'est supposer aux armées le droit de participer aux délibérations de cette assemblée; car nul ne peut déléguer un droit qu'il n'a pas. Or cette supposition du droit de délibérer est inadmissible à l'égard des armées. L'art. 84 de l'acte constitutionnel du 22 frimaire an 8 est conçu ainsi: « La force publique est essentiellement obéis- » sante; nul corps armé ne peut délibérer....... L'art. 1er de l'acte additionnel du 22 avril dernier a expressément confirmé et maintenu les dispositions de l'acte constitutionnel du 22 frimaire an 8 ; non expressément modifiées; cette disposition, qui interdit à tout corps armé le droit de délibérer, n'est modifiée par aucun article de l'acte du 22 avril; donc elle subsiste en son entier.

Ainsi l'art. 1er du décret du 22 avril portant que *l'assemblée du champ de mai sera composée* 1°............ 2° *Des députations qui seront nommées par tous les corps de l'armée de terre et de mer,* est inconstitutionnel, et les pouvoirs que les art. 3 et 4 attribuent à ces députations, de participer aux opérations de cette assemblée, sont nuls.

Que conclure de tout ceci?

Que les électeurs, les représentans, les députés des armées, convoqués en *assemblée extraordinaire du champ de mai,* à l'effet de procéder au dépouillement, au recensement des votes sur l'acte additionnel aux constitutions impériales, n'ont aucun droit légal pour procéder à cette opération; que la nation ne peut leur reconnoître ce pouvoir; que tout ce qu'ils feront sera nul; qu'ainsi sera nul le recensement qu'ils feront de ces votes; qu'ainsi sera nulle la proclamation du résultat de ce recensement; qu'ainsi sera nulle la promulgation de l'acte additionnel, de cet acte que, par un talent de prévision fort remarquable, on nous présente déjà comme accepté par le peuple, comme *la volonté du peuple*, dont l'exécution, par respect pour la *souveraineté du peuple*, a déjà été commandée, avant que ce peuple souverain ait manifesté sa volonté, avant même qu'il en ait eu connoissance.

Electeurs, représentans, que devez-vous donc faire? Ce que vous devez faire? pourriez-vous hésiter?

Reconnoître vous-mêmes l'insuffisance de vos pouvoirs; déclarer que vous n'avez aucun droit de dépouiller ces registres, de recenser ces votes; rendre enfin cet hommage à la nation, en qui réside, dit-on, cette *souveraineté* tant de fois proclamée, et tant de fois méprisée; et reconnoître que ce droit, que l'on veut faire exercer par vous, ne vous a été transmis par aucune de ces lois, expression de la volonté nationale; qu'il n'a pu vous être conféré par le délégué de la nation souveraine, dont les droits et les pouvoirs sont tracés par ces mêmes lois, et qui ne peut ni étendre ou restreindre, à son gré, les pouvoirs qu'elles ont créés, soit en faveur des individus, soit en faveur des corps constitués, ni leur transmettre ou leur déléguer plus de pouvoirs qu'il n'en a lui-même.

Toutefois, lorsque, grâces à un seul homme, la crise la plus violente a mis l'Etat et l'Europe en péril; lorsqu'il est du plus haut intérêt, et pour la France et pour l'Europe, que la véritable volonté de la nation françoise soit connue et révélée; lorsqu'il existe peut-être un moyen de la connoître, sera-t-il bien sage de disputer long-temps sur des questions de forme, de compétence? et devons-nous nous obstiner à dénier à ceux qui sont appe-lés (il n'importe par qui, ni comment), à chercher à constater ce vœu national, le droit de faire cette recherche?

Electeurs, représentans, et vous aussi, députés des armées de terre et de mer, vous ne vous plain-drez plus de nous et de notre sévérité; oui, nous consentons à reconnoître en vous le droit de pro-céder au dépouillement des votes du peuple sur l'acte additionnel aux constitution de l'empire.

Mais qu'est-ce à dire, dépouiller ces registres? recenser ces votes?

Le dictateur a-t-il entendu vous appeler seule-ment pour vaquer à ce travail mécanique, de sup-puter sur chaque registre le nombre des *oui* et des *non?* de faire l'addition comparative des votes af-

firmatifs et négatifs? de faire la balance. numérique
des uns et des autres? de chiffrer le résultat de
cette balance, et de fixer ainsi les destinées de la
France par une opération arithmétique? Pensez-
vous que votre tâche sera remplie, lorsque vous
serez venus nous dire, comme les consuls, proclamant, le 18 pluviose an 8, le résultat des votes
sur la constitution de l'an 8 :

3,012,569 individus ont voté;
1,562 ont dit *non;*
3,011,007 ont dit *oui* (1);

Ou comme la commission spéciale du sénat, proclamant, le 14 thermidor an 10, le résultat des
votes sur le consulat à vie (2);

3,577,259 ont voté.
3,568,885 ont voté *oui;*

Ou comme cette autre commission du sénat,
proclamant, le 15 brumaire an 13, le résultat des
votes sur l'élévation de Bonaparte à la dignité impériale (3);

3,524,254 citoyens ont voté.
3,521,675 ont voté *oui.*

Gardez-vous de croire que cette fois, la nation
françoise se contentera d'une pareille jonglerie?
Elle attend plus de vous; de vous ses représen-

---

(1) *Voyez* la proclamation du 18 pluviose an 8.
(2) *Voyez* le sénat.-cons. du 14 thermidor an 10.
(3) *Voyez* le sénat.-cons. du 15 brumaire an 13.

(23)

tans, qu'elle n'a obtenu, en l'an 8, de ses consuls,
même en l'an 10, et en l'an 13 de son *sénat*, dit
conservateur. La nation françoise vous crie que
votre devoir n'est pas seulement de compter les
votes; qu'il est aussi d'en rechercher, d'en constater la *légalité*.

Expliquons-nous, et rappelons quelques principes.

*Les François sont appelés à voter sur l'acte
additionnel aux constitutions* (art. 1, décret du 22
avril). Que signifient ces mots : *Les François sont
appelés à voter?* Sans doute on doit entendre ceux-
là seulement qui ont reçu de la loi constitutionnelle
le droit de voter, c'est-à-dire ceux-là seulement qui
jouissent *des droits de citoyen.* Les art. 2, 3, 4,
5, 6 de l'acte constitutionnel du 22 frimaire an 8,
expressément confirmé et maintenu, quant à ces
dispositions, par l'art. 1er de l'acte additionnel du
22 avril, ont dit :

« 1° Que celui-là étoit *citoyen françois,* qui, né
» et résidant en France, âgé de vingt-un ans ac-
» complis, *s'étoit fait inscrire sur le registre ci-
» vique de son arrondissement communal,* et avoit,
» depuis un an, demeuré sur le territoire de la ré-
» publique;

» 2° Qu'un étranger devenoit *citoyen françois,*
» lorsqu'après avoir atteint l'âge de vingt-un ans
» accomplis, et avoir déclaré l'intention de se fixer
» en France, il y avoit résidé pendant dix années
» consécutives ;

» 3° Que la qualité de *citoyen françois* se per-
» doit par la naturalisation en pays étranger;

» Par l'acceptation de fonctions ou de pensions
» offertes par un gouvernement étranger, par
» l'affiliation à toute corporation étrangère, qui
» supposeroit des distinctions de naissance;

» Par la condamnation à des peines afflictives
» ou infamantes;

» 4° Que l'exercice des droits de *citoyen fran-*
» *çois* étoit suspendu par l'état de débiteur failli
» ou d'héritier immédiat, détenteur à titre gra-
» tuit de la succession totale ou partielle d'un
» failli, par l'état de domestique à gages, attaché
» au service de la personne ou du ménage;

» Par l'état d'interdiction judiciaire, d'accusa-
» tion ou de contumace. »

Nous avons eu déjà occasion de rappeler l'article 84 de la constitution de l'an 8, lequel dit que
« la force publique est essentiellement obéissante;
» que nul corps armé ne peut délibérer. » Et
nous avons déjà remarqué que cet article avoit été
confirmé par l'acte additionnel du 22 avril.

Cet art. 84, les art. 2, 3, 4, 5 et 6 de l'acte du
22 frimaire an 8 serviront donc de règles à l'assemblée du champ de mai dans son examen et son
recensement des votes; et tout vote émis par un
individu inhabile à voter devra être rejeté par elle,
ne devra point être compté.

Ainsi devront d'abord être rejetés en masse tous

les votes émis par des individus faisant partie des corps des armées de terre et de mer.

Et sur ce point il ne pourra s'élever de difficultés sérieuses.

Nous l'avons dit, il faut le répéter :

L'acte constitutionnel de l'an 8 interdit à tout corps armé le droit de *délibérer,* et par conséquent celui de *voter :* car on ne conçoit pas un vote sans une délibération préalable ; on ne conçoit pas un vote qui accepte ou qui rejette une loi sans une délibération sur cette loi, ou commune entre ceux qui sont appelés à voter, ou individuelle par chacun des votants.

Nous l'avons dit, il faut le répéter ;

Cette disposition a encore force de loi, et parce que l'acte additionnel ne l'a point modifiée, l'a même confirmée, et parce que, dans le cas même où il l'auroit abrogée, cette abrogation d'une loi ancienne par un projet de loi non encore adopté, non encore exécutoire, laisseroit toujours subsister la loi ancienne, n'en arrêteroit pas l'exécution.

Cherchera-t-on à équivoquer sur les mots ? Soutiendra-t-on que *voter* n'est point *délibérer ;* que la loi qui interdit à tout corps armé le droit de se former en assemblée, de prendre des *délibérations* collectives, n'interdit pas à chaque membre de ce corps la faculté d'exprimer individuellement son *vote* sur une loi ? Nous répondrons alors en invoquant la première partie de l'art. 84 : « La force

» publique est essentiellement obéissante. » Et nous dirons : Point de vote, là où le vote n'est point libre. Quelle liberté porteront dans l'expression de leur vœu les individus faisant partie d'un *corps essentiellement obéissant ?* Quelle sera la liberté de ce soldat, à qui son devoir commande une *obéissance* aveugle à son officier ? de cet officier, façonné par devoir à l'*obéissance* à son chef ? de ce chef de corps, qu'une longue habitude, l'ambition, la reconnoissance même, ont plié depuis long-temps à l'*obéissance* aux volontés du monarque; surtout lorsque ce monarque est un guerrier ?

Soldats, officiers, chefs de corps, généraux, la nation françoise verra toujours en vous avec orgueil les défenseurs de la patrie, de ses lois : jamais elle ne consentira à vous appeler à délibérer, à voter sur ses constitutions.

Et c'est dans ce sens qu'a été exécuté l'art. 84 de l'acte du 22 frimaire an 8, à ces trois époques mémorables auxquelles le peuple a été consulté, et a été admis, sans le concours de ses armées, à voter par *oui* ou par *non*, 1° lorsque cette constitution de l'an 8 a été offerte à son acceptation par la loi du 23 frimaire de la même année (1); 2° lorsque, par un arrêté du 20 floréal an 10, le

______

(1) *Voyez* la loi du 23 frimaire an 8.

peuple seul a été convoqué pour voter sur la proposition de nommer Napoléon Bonaparte consul à
vie (1); 3° enfin lorsque, par l'art. 142 du sénatus-consulte du 28 floréal an 12, il a été appelé à
voter, *dans les formes déterminées par l'arrêté du
20 floréal an* 10, sur la proposition d'élever Napoléon Bonaparte à la dignité impériale (2).

Dans aucune de ces trois circonstances, l'armée
n'a été appelée à voter : ainsi et nos constitutions
et les usages pratiqués jusqu'à ce jour, et le main-
tien de la liberté nationale, tout s'oppose à ce que
les votes des armées de terre et de mer soient
comptés.

En vain on opposera l'art. 5 du décret du 22
avril, portant que « l'acte additionnel aux consti-
» tutions sera envoyé aux armées de terre et de
» mer. »

Il faudra répondre que, quelqu'étendu que
soit le pouvoir de l'auteur de ce décret, il ne peut
aller jusqu'au droit de violer les constitutions
impériales faites par lui, que tout à l'heure encore
lui-même vient de confirmer, de saper dans sa
base la liberté publique, dont il se dit le restaura-
teur; que l'admission des armées au droit de délibérer, de voter sur les lois, sur les constitutions,

---

(1) Voir l'arrêté du 20 floréal an 8.
(2) Voir le sénat.-cons. du 28 floréal an 12, art. 142.

est une inconstitutionnalité monstrueuse, intolérable.

Si l'assemblée du champ de mai permet l'introduction d'un pareil principe dans notre droit public ; si elle hésite à rejeter les votes des armées, il faut qu'elle s'attende à trouver la punition d'une telle infamie dans le mépris et la haine de la nation et de tous les peuples civilisés, dans les malédictions de la postérité. La tenue de cette assemblée sera marquée comme une des époques les plus désastreuses de notre désastreuse révolution ; l'histoire, vengeresse des rois et des peuples, flétrira d'un opprobre éternel tous ceux qui auront ainsi vendu à un tyran la nation et ses intérêts les plus sacrés, et placera les noms de ces assassins des droits du peuple françois à côté de ceux des assassins du plus vertueux des rois.

Mais non, électeurs, représentans, vous êtes François, et vous ne laisserez point cette tache s'imprimer sur vos noms ! Députés des armées de terre et de mer, vous reconnoîtrez vous-mêmes que les armées n'ont pas dû être appelées à *voter ;* vous vous accorderez tous à regarder leurs votes comme non avenus, à les rejeter ; vous ne les compterez pas dans le recensement que vous devez faire.

Napoléon, en publiant les 67 *articles formant un acte supplémentaire aux constitutions de l'Em-*

pire , a voulu *qu'ils fussent soumis à l'acceptation libre et solennelle de tous les citoyens dans toute l'étendue de la France.*

François, depuis vingt-cinq ans, on vous joue avec des mots : cette fois, sachons profiter de la leçon du passé; cherchons le véritable sens des mots qu'employent nos fabricateurs de lois et de constitutions; forçons enfin ces sublimes législateurs à ne pas les détourner de leur véritable sens, et à exécuter leurs propres lois dans le sens des mots dont ils se servent.

Cherchons à définir ce que l'on doit entendre par une acceptation *solennelle* et *libre* ; et partout où nous ne verrons ni *solennité* ni *liberté*, n'hésitons pas à dire, qu'il n'y a point d'acceptation , qu'il n'y a point de vote; que le vote inscrit sur le papier n'est qu'une ombre de vote ; qu'il ne doit pas être compté.

La *solennité* d'un vote est toute entière dans ses formes : ces formes sont simples; elles doivent l'être ; et plus elles sont simples , plus l'observation en doit être rigoureuse.

Elles sont relatives, soit à la capacité de celui qui émet son vote, soit à la capacité de celui qui le reçoit, soit enfin au mode suivant lequel il doit être exprimé.

Ainsi, avant d'être reçu à émettre mon vote , je dois prouver que je réunis les qualités requises pour exercer *les droits de cité.*

Ainsi, celui qui reçoit mon vote doit tenir de la loi un pouvoir spécial à cet effet.

Ainsi, l'émission de ce vote doit être conforme au mode que la loi a prescrit.

Si mon vote a été exprimé suivant un mode différent, s'il a été reçu par un individu n'ayant pouvoir suffisant, et surtout s'il ne porte point avec soi la preuve de mon *droit de cité*, vicieux dans les formes qui tiennent à son essence même, un tel vote est nul; il ne doit pas être compté.

Une loi du 23 frimaire an 8, régla la manière dont la constitution du 22 seroit présentée au peuple françois. Les vices des formes prescrites par cette loi frappèrent les yeux les moins clairvoyans; mais la nation étoit impatiente de sortir de l'état provisoire ou son gouvernement se trouvoit depuis que la révolution du 18 brumaire l'avoit affranchie du joug humiliant de ses directeurs; elle se précipitoit avec sa confiance et sa légereté ordinaires sous la domination du premier consul, en qui elle se plaisoit alors à voir un libérateur, et qui, pendant quelques années, justifia cette confiance : les formes les plus célères, toutes vicieuses qu'elles fussent, lui paroissoient les meilleures, si elles pouvoient hâter un dénouement, quel qu'il fût, dont tous les François avoient besoin.

C'est cette loi, c'est le mode de voter fixé par elle, qui fut de nouveau adopté en l'an 10, sur la proposition de nommer Napoléon Bonaparte,

(31)

consul à vie : le même mode fut suivi en l'an 13, lorsqu'on imagina de faire *vouloir par le peuple françois l'hérédité de la dignité impériale dans la descendance directe, naturelle et adoptive de Napoléon Bonaparte, etc.* (1). C'est conformément à ce mode que Napoléon Bonaparte nous a commandé, par son décret du 22 avril d'accepter son acte additionnel aux actes constitutionnels de l'Empire.

Les articles 1 et 2 de cette loi du 23 frimaire an 8, sont donc le texte qu'il faut consulter,

1° Pour savoir quel est le mode suivant lequel les votes doivent être exprimés;

2° Pour savoir à quels individus la loi a donné pouvoir de les recevoir;

3° Pour savoir quelles qualités doivent avoir ceux qui veulent être admis à voter.

L'article 1er apprend que les votes doivent être consignés sur des registres ouverts dans chaque commune.

L'article 2 charge les secrétaires de toutes les administrations, les greffiers de tous les tribunaux, les *agens communaux* que représentent aujourd'hui les maires, les juges de paix et les notaires, de recevoir les votes sur les registres ouverts chez eux à cet effet.

L'article 1er appelle les citoyens à consigner ou à faire consigner leurs votes sur ces registres.

______

(1) Sénat.-cons. du 28 floréal an 12, art. 147.

Il faut ajouter que l'article 4 avoit *chargé les consuls de régulariser, d'activer la formation, l'ouverture, la tenue, la clôture et l'envoi des registres.*

Le décret du 22 avril contient textuellement les mêmes dispositions : on y remarque seulement une légère variation, consistante en ce que la loi du 23 frimaire an 8 appelle seulement les *citoyens,* tandis que le décret appelle les *François;* mais, sans doute, et nous l'avons dit, par ce mot on doit entendre seulement les *François* ayant droit de voter, exerçant *le droit de cité,* c'est-à-dire les *citoyens françois,* et cette interprétation se prouve par ces mots du préambule, *conformément à ce qui a été fait en l'an* 8, *en l'an* 10 *et en l'an* 12, lesquels se rattachent à la loi du 23 frimaire an 8, et à l'arrêté du 20 floréal an 10, conforme en tous points à cette loi.

Les bases ainsi fixées, les électeurs composant le bureau chargé du dépouillement des votes de leur département, se feront ces règles à eux-mêmes :

1° Que doivent être rejetés tous les votes non consignés sur les registres à ce destinés;

2° Que doivent être rejetés tous les votes reçus par autres individus que les secrétaires d'administrations publiques, les maires, les greffiers de tribunaux ou de cours, les juges de paix et les notaires;

3° Que doivent être rejetés enfin tous les votes émis par des individus n'ayant *droit de cité*.

Ainsi, avant d'examiner quels votes sont consignés sur un registre, il sera nécessaire d'examiner le registre lui-même, de vérifier la régularité de ses formes extrinsèques, de s'assurer si le dépôt en avoit été fait par l'autorité légale.

Il faudra savoir ensuite si l'individu à qui le dépôt de ce registre a été fait, en présence duquel les citoyens y ont consigné leurs votes, avoit reçu de la loi qualité pour les recevoir. La loi a pris soin de désigner ceux à qui elle conféroit ce pouvoir ; ceux-là seuls l'ont exercé légalement ; ceux-là seuls ont par leur présence donné un caractère légal aux votes reçus par eux. Les votes consignés sur des registres tenus par des individus non légalement investis de ce droit sont illégaux et nuls, et ne doivent point être comptés.

Ainsi, à Paris, ou peut-être ailleurs, des votes ont été consignés sur des registres remis à des chefs de manufactures, colportés dans des atteliers : ces registres doivent être rejetés, parce que la loi n'a point donné aux chefs de manufactures le droit de recevoir des votes.

Ainsi, à Paris, et sans doute ailleurs encore, des votes ont été consignés sur des registres tenus par des commissaires de police, et ces registres doivent être rejetés, et parce que ni la loi du 23 frimaire an 8, ni l'arrêté du 20 floréal an 10, ni même le décret du 22 avril, n'a donné aux commissaires de police pouvoir de recevoir ces votes, et parce qu'il est par trop inconvenant que les agens de la police de Bonaparte se placent entre Bonaparte et les citoyens, et dirigent les votes de ceux-ci sur des questions qui se lient de si près au sort de Bonaparte.

Le point le plus important, celui sur lequel devra se porter toute l'attention des bureaux chargés du dépouillement des registres, sera la vérification, autant que possible, du droit de chaque votant.

Le vice capital de la loi du 23 frimaire an 8 consistoit en ce que cette loi ne donnoit aux différens dépositaires des registres de votes aucun droit d'exiger que tout votant leur justifiât de son *droit de cité*. La loi transformoit en quelque sorte en assemblées primaires tous les secrétariats d'administrations publiques, tous les greffes, tous les cabinets de juges de paix, toutes les études de notaires ; elle investissoit d'une sorte de présidence de ces assemblées les notaires, les juges de paix, les greffiers, les secrétaires d'administrations ; elle appeloit tous les citoyens à exprimer devant les hommes revêtus de cette sorte de magistrature leur vote sur le nouveau pacte qui alloit les unir entre eux, et constituer les droits et les devoirs réciproques de la nation et du gouvernement ; et ceux qu'elle chargeoit de recevoir ces votes n'avoient aucun pouvoir d'examen, de vérification de

leur validité, du droit de l'individu, qui l'apportoit.
Ainsi tout homme a dû être admis, pourvu qu'il
parût agé de 21 ans, et qu'il sût ou écrire, ou
dire et faire écrire *oui* ou *non*. Ainsi, et l'étranger,
et le François qui avoit cessé de l'être, et le non-
domicilié, et le failli, et le domestique à gages, et
l'interdit, et l'accusé, et le contumax, et le con-
damné à des peines afflictives ou infamantes, ont
pu, grâces à cette loi du 23 frimaire an 8, exercer
en France les droits de *citoyen*, voter sur la constitution consulaire en l'an 8, sur le consulat à vie
en l'an 10, sur la constitution impériale en l'an 13 :
ils ont pu, en vertu du décret du 22 avril dernier,
voter sur l'acte additionnel. Ils l'ont pu, sans que
les dépositaires des registres, sur lesquels ils ont
consigné leurs votes, ayent en le droit de les con-
traindre à répondre à la plus simple question, à
leur fournir la moindre preuve, soit quant à leurs
droits, soit même quant à l'identité de leurs personnes.

Il est facile d'apercevoir jusqu'à quel point un
gouvernement astucieux, et peu difficile dans le
choix de ses moyens, a pu abuser d'une loi aussi
flexible ; et l'on sait quel parti les agens de Bonaparte ont cherché à en tirer, pour multiplier les
votes en faveur de sa constitution additionnelle.

L'assemblée extraordinaire du champ de mai
consentira-t-elle à légitimer une violation aussi
scandaleuse des principes élémentaires sur l'exer-

tice du *droit de cité* (1)? La verrons-nous en 1815, comme nous avons vu les consuls en l'an 8, le sénat en l'an 10 et en l'an 12, battre des mains et applaudir à ces farces grossières des *oui* et des *non*, indécentes parodies de ce beau théorème de la *souveraineté du peuple*, et dont le dénoûment, toujours le même aux diverses représentations que les acteurs nous en ont données depuis 25 ans, nous a toujours offert le même spectacle, la chute du *peuple souverain*, la misère et l'esclavage?

Non, s'il coule encore dans les veines de cette *assemblée du champ de mai* quelques gouttes de sang françois, non, cette fois il n'en sera pas ainsi: cette vérification du droit de chaque votant, que n'ont point faite, que n'ont pu faire les notaires, les juges de paix, les greffiers des tribunaux, les secrétaires d'administrations, l'assemblée du champ de mai la fera; et en pesant la *légalité* de chaque vote, elle ne négligera aucun moyen pour y parvenir.

Nous l'avons dit : aux termes de l'art. 2 de la constitution de l'an 8, qui n'étoit, en ce point, que la répétition des diverses constitutions qui avoient

----

(1) La division de ceux qui ont droit de suffrage est dans la république une loi fondamentale ; la manière de le donner est une autre loi fondamentale.

De l'Esprit des Lois, liv. 2, ch. 2.

précédé, *l'inscription sur le registre civique* de la commune, prouve que l'inscrit est *citoyen fran-çois.*

La loi du 23 frimaire an 8 auroit dû dire (sans doute on eut alors de bonnes raisons pour n'en rien faire) que ceux-là seuls seroient admis à voter, qui produiroient leur *inscription civique.* C'est, suivant les formes prescrites par cette loi, que les citoyens ont voté sur l'acte additionnel du 22 avril; ainsi il faut partir de ce point, qu'aucun votant n'a été astreint à produire *son inscription civique.* Ainsi la seule consignation d'un vote sur le registre ne porte point avec soi la preuve que ce vote doive être compté, parce qu'elle ne porte pas avec soi la preuve qu'il ait été émis par un *citoyen,* et que ceux-là seuls doivent être comptés qui émanent de François ayant *droit de cité.*

Les commissaires de l'assemblée du champ de mai devront donc, en procédant au dépouillement des registres, avant de tenir compte d'un vote, le peser, en quelque sorte, vérifier s'il est *de bon alloi,* chercher, par tous les moyens qui seront en leur pouvoir, si celui qui l'a consigné sur le registre en avoit le droit, s'il étoit habile à exercer le *droit de cité.*

Il ne faut pas se dissimuler toute la difficulté d'une semblable vérification, surtout à l'égard des votes des habitans des villes très-populeuses. Elle en présentera moins à l'égard des votes des habitans des campagnes, des bourgs, des villes moins peuplées, dont les noms, les qualités, les demeures, quelquefois même les signatures, pourront être connues de quelques-uns des commissaires recenseurs des votes, habitant le même arrondissement, le même canton, peut-être la même commune.

Il faut même remarquer qu'il y aura à craindre moins de surprises à l'égard des registres ouverts dans les campagnes, les bourgs, les villes d'une population ordinaire, parce que, les habitans y étant plus rapprochés, plus connus les uns des autres, il est plus difficile à chacun de tromper sur son état, et de cacher les causes d'incapacité dont il peut être frappé.

Les habitans des villes plus populeuses, au contraire, échappent plus facilement aux regards les uns des autres : il en est toujours une très-grande partie dont l'état demeure long-temps inconnu à tous; et la censure des votes de ceux-là sera peut-être difficile à exercer, même par des examinateurs pris parmi les électeurs de la même ville. C'est à la sagacité des commissaires particuliers qui seront chargés du dépouillement des registres de chaque département, que la nation, que *l'assemblée générale du champ de mai* s'en remettront du choix des moyens de parvenir sûrement à la vérification de la validité de chaque vote.

Les commissaires qui procéderont au dépouillement des registres de la ville de Paris ne négligeront aucun des renseignemens que leurs relations particulières et la notoriété publique leur ont révélés sur les manœuvres employées, avec un talent peu commun, pour multiplier les signatures. Ils n'oublieront pas qu'il est un très-grand nombre d'individus, revêtus de fonctions différentes, qui, après avoir voté sur un registre, comme citoyens, ne se sont point fait de scrupule de voter encore sur autant d'autres registres qu'il leur en a été présenté dans les administrations, ou les corporations dont ils font partie; qu'il est beaucoup d'employés, qui, après avoir voté affirmativement sur les registres présentés dans leurs bureaux, parce qu'ils ont craint qu'un vote négatif ne fût bientôt suivi d'une destitution, sont allés, pour l'acquit de leur conscience, ou à la municipalité, ou chez le juge paix, ou chez le notaire voisin, voter négativement; que, s'il faut en croire les rapports qui nous sont parvenus, certains commissaires de police, dociles aux instructions qu'ils avoient reçues, ont mendié partout des signatures, dans les atteliers, sur les ports, dans les cabarets; que quelques-uns ont permis que le même individu, en leur présence, après avoir inscrit son vote sur le registre, y inscrivît des votes imaginaires sous des noms supposés; que l'impudence a été portée à ce point, que d'autres, s'il faut encore en croire le cri public, ont reçu sciemment des votes et des signatures d'enfans, de portiers, d'hommes de peine,

de gens de service; que d'autres enfin sont ac-
cusés d'avoir fait pis encore, d'avoir reçu des
votes inscrits de la main de femmes de mauvaise
vie, sous des noms empruntés.

Si les commissaires recenseurs des registres de la
ville de Paris veulent apporter la plus légère attention au travail dont ils seront chargés; s'ils veulent
prendre la peine d'examiner, de comparer entr'eux
certains votes, ainsi que les signatures qui les ac-
compagnent; s'ils veulent enfin se mettre franchement, et par des informations sûres, à la décou-
verte de la vérité, ils auront bientôt acquis la con-
viction intime de tous ces vices que nous leur dé-
nonçons.

Les commissaires recenseurs des autres départemens, en dépouillant les registres des grandes
villes, en vérifiant les formes qui doivent constituer la *solennité* de chaque vote, ne manqueront
pas aussi de mettre à profit la connoissance que
chacun d'eux peut avoir, et les documens qu'ils
auront recueillis, tant sur l'état des personnes dont
ils doivent peser et compter les votes, que sur les
manœuvres, qui, dans les grandes villes, comme à Paris, ont pu être employées pour en grossir le nombre.

Mais, nous l'avons dit : la *légalité* d'un vote ré-
sulte de sa *solennité* et de sa *liberté* : il ne suffira
donc pas aux commissaires recenseurs de vérifier
les formes qui constituent la *solennité* des votes

inscrits sur les registres ; ils devront rechercher
si ces votes ont été exprimés *librement.*

C'est une remarque digne de toute la méditation
du philosophe, et de l'attention de celui qui voudra un jour écrire l'histoire de notre révolution,
que de tous les droits politiques, pour la conquête
desquels le peuple françois a fait tant de sacrifices,
le seul qui lui soit resté, le seul dont il soit sorti
quelques débris des décombres de tant de constitutions populaires, est le droit de voter sur les diverses constitutions qu'il a plu à ses meneurs de
lui présenter ; et, quel que soit le motif de cette
apathie, il faut ajouter que ce droit est celui à
l'exercice duquel l'immense majorité des citoyens
a, depuis quatorze ans, mis le moins d'importance.
Le petit nombre des votes sur la constitution de
l'an 8, sur l'élévation de Bonaparte au consulat à
vie dans l'an 10, sur son élévation en l'an 12 à la
dignité impériale, atteste cette affligeante vérité ;
elle se trouvera confirmée bien plus énergiquement
encore par le dépouillement des votes sur l'acte
additionnel du 22 avril.

Il est de notoriété publique que cette année,
comme en l'an 12, en l'an 10, et en l'an 8, le
plus grand nombre des votes inscrits sur les registres y ont été portés par les employés du gouvernement et par les fonctionnaires publics. On
sait combien sont nombreuses les légions de ces
citoyens, dont le sort est dans la dépendance ab-

soluc des ministres, des chefs d'administrations, des différens agens de l'autorité publique : on sait que même les juges, déclarés d'abord indépendans et inamovibles par la loi du 27 ventose an 8, soumis ensuite à l'humiliante épreuve de *l'épuration* par un décret impérial du   , sont devenus temporaires par la loi de 1810, et ont été déclarés, sans exception de ceux qui exercent depuis l'an 8, juges seulement pour cinq années.

Nous le demandons : de quelle espèce est, dans l'exercice de leurs droits politiques, la *liberté* de tous ces citoyens, magistrats, greffiers, commis-greffiers, notaires, avoués, huissiers, administrateurs, régisseurs, directeurs, inspecteurs, contrôleurs, receveurs, payeurs, secrétaires généraux ou particuliers, chefs de division, chefs de bureaux, commis sédentaires, commis aux expéditions, commis à pied, commis à cheval, employés, fonctionnaires de tout ordre, de tout genre? Quelle pourra être la *liberté* de ces milliers d'individus, lorsqu'un gouvernement, ennemi de toute résistance, leur demandera leurs votes sur des lois proposées par lui? Que sera-t-elle, lorsque ces lois seront impérieusement commandées, et déclarées *déjà fixées irrévocablement* (1); lorsque, ainsi qu'on en use à l'égard de l'acte additionnel du

---

(1) Préambule du décret du 30 avril 1815.

22 avril, le maître qui les veut, qui les propose à l'acceptation du peuple, *interdit* (1) *toute discussion sur les points capitaux*; lorsque déjà même il a exécuté ces lois, avant que le peuple ait eu le temps de les lire?

En est-il beaucoup parmi ces employés, ces fonctionnaires de toutes les classes, qui, placés entre leur conscience qui repousse la loi, et la crainte de la perte de leur état qui leur commande la soumission, ayent eu assez de courage, époux, pères de famille, pour demeurer sourds à la voix de l'intérêt personnel, pour faire taire la voix de la nature, et n'entendre que le cri de leur conscience? Ah! sans doute, il s'en est trouvé plus d'un qui a su se montrer digne du beau titre de citoyen françois; sans doute, et sur les siéges les plus élevés de la magistrature, comme dans les rangs inférieurs du palais, et dans les places les plus éminentes de l'administration, comme dans les bureaux les plus obscurs, nous pourrions citer plus d'un François qui n'a pas hésité entre la misère avec son devoir, et la fortune avec le mensonge. Mais combien est petit le nombre de ces vrais citoyens! et combien sont excusables ceux qui n'ont pas eu la force de les imiter!

Si tous ces fonctionnaires, si tous ces employés, qui ont cru devoir par un *oui* hypocrite donner au

-----

(1) Préambule du décret du 30 avril 1815.

dictateur, sur un registre public, cette garantie de
leur dévoûment, et conserver ainsi le *pain de
leur famille*, avoient eu la faculté d'exprimer leur
vote par un scrutin secret ; s'ils avoient été libres ;
s'ils avoient pu user librement de leur droit de
suffrage ; nous le demandons à chacun d'eux : auroient-ils accepté ce nouveau pacte , qui donne
pour chef à la nation françoise le tyran que la
nation françoise a l'an dernier chassé loin d'elle ?
Auroient-ils fait revivre ces sénatus-consultes de
l'an 8, de l'an 10, de l'an 12, honorés du titre de
constitutions, dont les dispositions incohérentes,
contradictoires, sont devenues d'une exécution impossible, et que leur créateur a tant de fois vio-
lées et foulées aux pieds ? Auroient-ils accepté ces
pairs, et ces pairs héréditaires, de la façon de Bonaparte ? Auroient-ils voté pour ce supplément aux
constitutions impériales , dans lequel le dictateur, gardant le silence sur la confiscation des biens,
a cru devoir se réserver l'exercice de cet horrible
droit ? Auroient-ils , par ce fatal *oui* , déclaré qu'il
leur paroissoit bon que, différente en cela de toutes
les nations civilisées anciennes et modernes, la
France n'eût point de religion de l'état ? Auroient-
ils souscrit à la proscription de cette royale famille,
en faveur de laquelle le vœu national se manifeste
dans toutes les parties de la France, avec une énergie qui s'accroît de tous les efforts employés pour
le comprimer ? Et surtout auroient-ils poussé le

délire, l'absurdité et le mépris de ce principe tant
vanté de *la souveraineté du peuple* , jusques au
point de frapper d'une véritable interdiction de
ses droits politiques le peuple françois de 1816, de
1820, de 1900 et des âges futurs, et de lui défen-
dre jusques à la fin des siècles le droit de se donner en aucun temps le souverain qu'il lui plaira
choisir ?

Au surplus, quelle qu'ait été sur cette constitution
supplémentaire l'opinion de tous ces votans , leur
acceptation n'a point été libre, car il n'en est pas
un seul qui, en prenant la plume pour inscrire son
vote, n'ait été averti par une voix secrète qu'il
alloit par ce vote décider de son état, de l'existence de sa famille, bien plus sûrement que de la
constitution de la France.

Et les changemens qui viennent de s'opérer dans
les bureaux de certains ministres, depuis la clôture des registres, ont mis assez en évidence qu'il
n'étoit pas très-sûr de faire un libre usage de la
liberté de voter selon sa conscience, ou qu'au
moins il étoit difficile de concilier l'usage que certains employés avoient osé faire de cette liberté,
avec la liberté que doit aussi avoir un ministre
dans le choix de ses employés.

Les commissaires recenseurs des votes croiront
peut-être que ces réflexions pourront les éclairer
sur la validité de ces votes approbatifs signés par
les employés et fonctionnaires publics.

A toutes ces observations touchant la *légalité*
des votes inscrits sur les registres, nous en ajou-
terons une dernière, qui nous paroît de la plus
haute importance.

Si la nation françoise doit ajouter à la collec-
tion assez curieuse de ses constitutions la constitution nouvelle *donnée à Paris le 22 avril 1815,*
signée Napoléon et contre-signée le duc de Bas-
sano, il faut qu'elle sache si elle a réellement encore voulu celle-là : car, après tout, quels que
soient les égards dûs à l'ordre très-nombreux en
France des employés et des fonctionnaires publics,
ce n'est point de leur seule volonté que la nation
doit recevoir des lois.

C'est quelque chose sans doute que la volonté
du gouvernement combinée avec la volonté de
ceux qui reçoivent de lui un traitement ; mais il
n'est pas bien démontré que ces volontés soient
toujours celles de la nation toute entière. Or, c'est
principalement de celle-là qu'il s'agit aujourd'hui ;
c'est celle-là qui doit être proclamée dans *l'assem-*
blée du champ de mai.

Comment la connoîtront-ils, ces électeurs, ces
représentans, ces députés de nos armées, qui sont
chargés de nous la révéler ?

« Il est essentiel (1), a dit Montesquieu, de
» fixer le nombre des citoyens qui doivent former

----

(1) Esprit des lois, liv. 2, ch. 2.

» les assemblées ; sans cela on pourroit ignorer *si*
» *le peuple a parlé, ou seulement une partie du*
» *peuple.* »

Nos lois ont négligé de prendre ce soin ; et cette lacune dans notre législation est une nouvelle preuve du scrupule que nos faiseurs de constitutions ont toujours porté dans l'observation pratique de leur principe favori de la *souveraineté du peuple.* Mais il est au pouvoir de *l'assemblée extraordinaire du champ de mai* de suppléer à ce silence de la loi. La question sur laquelle cette assemblée doit prononcer n'est pas légère : De quel côté se porte le vœu de la nation ? Est-ce du côté de Louis XVIII ? Est-ce du côté de Bonaparte ? Que veut la nation, de la charte de 1814 ou de l'acte du 22 avril 1815 additionnel aux actes constitutionnels des années 8, 10 et 12 ? Que demande-t-elle, de la liberté garantie par le successeur des soixante rois qui, depuis neuf siècles, ont gouverné la France, ou des libertés impériales travaillées de la main du fils de l'huissier d'Ajaccio ?

Nous devons croire que *l'assemblée du champ de mai* voudra savoir si le *peuple a parlé, ou seulement une partie du peuple.* Si elle le veut franchement, qu'elle se fasse remettre par le ministre de l'intérieur les états de dénombrement des individus ayant *droit de cité,* par cantons, ou par arrondissemens, ou par départemens. Elle rapprochera ces états des résultats que lui offriront les dépouillemens des registres des mêmes cantons, des mêmes arrondissemens, des mêmes départemens; elle saura dans quelle proportion se trouve le nombre des votans, relativement au nombre des citoyens ayant droit de voter; et s'il lui est prouvé que partout cette proportion a été comme de 2 à 100, souvent même inférieure, que dans toutes les communes, dans les cités les plus populeuses, comme dans les plus petits villages, l'immense majorité des citoyens a gardé le silence, convaincue alors qu'à peine une très-foible minorité du peuple s'est expliquée, sans doute elle se gardera bien de dire que *le peuple a parlé* : elle ne commettra pas ce crime envers la nation, de lui présenter comme son vœu celui de la plus petite partie d'elle-même.

Et qu'elle se défende aussi de ce faux système, qui pourroit lui être présenté, que ce silence de l'immense majorité du peuple doit être considéré comme approbation ; qu'ainsi doivent être comptés, comme faisant partie des votes d'acceptation, les suffrages de tous ceux qui se sont abstenus d'en donner. Combien il sera plus facile, avec un peu de bonne foi, d'établir le système contraire !

En effet, pour peu que l'on ait pris la peine d'observer la marche des événemens qui, depuis deux mois, se sont passés en France, et d'étudier leur influence sur les esprits, on a dû reconnoître

que cette étrange révolution avoit porté au plus
haut degré la ferveur des partisans du dictateur ;
que, à l'égard du reste de la nation, ces événe-
ments avoient également porté au plus haut degré
l'indignation et la terreur.

On ne persuadera pas facilement que les partisans de Bonaparte et de sa nouvelle constitution,
appelés à voter sur le rétablissement de son autorité, ont gardé le silence, et se sont bornés à des
vœux secrets pour leur maître.

On connoît assez toute l'activité de leur zèle,
toute leur souplesse et leur docilité.

Ainsi, nul de ceux qui auront voulu Bonaparte
ne se sera abstenu de le dire, de l'écrire, de le
redire, et de l'écrire encore. Quant aux citoyens
qui, ayant le droit de parler, ont cru devoir se
taire ; dites hardiment de ceux-là, et ne craignez
point de vous tromper, que leur silence repousse
et le tyran, et ses constitutions anciennes, et sa
constitution nouvelle ; entendez-les, entendez surtout ces fonctionnaires publics, ces employés, qui
ont cru devoir s'abstenir de voter, vous expliquer
leur silence. Ils vous diront que, répondre à la convocation faite par Bonaparte, c'eût été reconnoître
en lui un droit qu'ils ne lui reconnoissent pas ; que
voter sur la charte nouvelle proposée par lui, c'eût
été reconnoître et que la nation a demandé une
nouvelle charte, ce qui n'est pas, et qu'elle a donné
à Bonaparte pouvoir de la rédiger, ce qui est bien

moins encore ; et s'il vous est prouvé que c'est par le silence que l'immense majorité de la nation a répondu à l'appel du dictateur ; s'il vous est prouvé que l'immense majorité de la nation se tait, parce qu'elle ne reconnoît aucun droit dans celui qui veut la faire parler, électeurs, représentans, députés des armées, ô vous tous qui composez cette assemblée du champ de mai, entendez ce silence ; sachez interpréter ce muet langage ; ne craignez pas de proclamer hautement que le *peuple a parlé, et qu'il ne veut ni de Bonaparte, ni de ses constitutions !*

Vous n'hésiterez point à faire cette déclaration, parce que, dans le recensement des votes, auquel vous allez procéder, vous reconnoîtrez, 1° que tous les votes d'acceptation sont, à l'exception d'un très-petit nombre, des votes exprimés par des employés du gouvernement, ou des fonctionnaires publics, et qu'il est impossible de croire que les suffrages de tous ces votans ayent été libres ; 2° que la somme des votans est avec celle des citoyens ayant droit de voter dans une disproportion tellement choquante, que ce seroit insulter trop grossièrement à la nation, et mentir trop effrontément à la France, que d'oser lui dire qu'elle a parlé toute entière, lorsqu'une si foible partie d'elle-même s'est fait entendre.

Électeurs, représentans, députés des armées,

nous avons recherché quels étoient vos pouvoirs, si nos constitutions, nos lois vous donnoient le droit que vous attribuent les actes des 22 et 30 avril, signés *Napoléon*, intitulés *décrets impériaux*, de recenser les votes du peuple sur la constitution supplémentaire présentée à son acceptation.

Nous croyons avoir prouvé d'une manière, qui ne laisse d'autre réplique que celle des baïonnettes, que ni les constitutions anciennes, ni la constitution supplémentaire, ni même les décrets des 22 et 30 avril, ne vous avoient conféré le pouvoir de faire ce que ces décrets vous commandent; que tout ce que vous feriez en vertu de ces décrets seroit nul, et n'auroit aux yeux de la nation aucun caractère légal; que tout ce qui pourroit s'ensuivre seroit aussi illégal et nul.

Supposant ensuite que vous aviez ce pouvoir, nous vous avons aussi prouvé que, dans ce cas, votre droit et votre devoir étoient, non pas seulement de constater arithmétiquement le nombre des *oui* et des *non*, mais encore de constater la *légalité* des votes. Nous vous avons démontré que ceux-là seuls devoient être comptés, qui portoient avec eux la preuve de leur *légalité*, c'est-à-dire de leur *solennité*, de leur *liberté*.

Nous avons ensuite appelé toute votre attention sur le silence de l'immense majorité de la nation, sur le *sens* assez énergique de ce silence. Nous vous avons amenés à reconnoître qu'il manifestoit assez éloquemment le véritable vœu de le nation ; que ce vœu, vous ne deviez pas le chercher dans les votes que la terreur, le besoin avoient arrachés à la nombreuse milice des fonctionnaires publics et des employés ; que, cette milice exceptée, la nation repoussoit et Bonaparte et ses constitutions.

Électeurs, représentans, députés des armées, le véritable vœu de la nation va vous être connu : il vous a déjà été révélé, avant même le recensement des votes : vous n'hésiterez pas à le proclamer.

Électeurs, représentans, la puissance usurpée du dictateur, cette puissance factice, qui s'écroule de toutes parts, et n'épouvante que ceux qui ne la regardent pas de près, ne vous effrayera pas, fût-elle et plus réelle et plus formidable. Vous ne ferez pas à la face de l'Europe cette déclaration déloyale et mensongère, que la France est tombée dans ce degré d'abjection, qu'elle veut en 1815 reprendre pour maître l'ennemi de l'humanité, qu'en l'an 1814 elle a couvert d'opprobre et chassé loin d'elle. Vous prouverez à l'Europe que l'horreur de la tyrannie, que l'amour de la patrie, que la fidélité à leurs Rois, le respect des sermens, sont encore les vertus des François, et que vingt-cinq années de désordres, de guerres, de calamités, n'ont point encore épuisé l'énergie morale de nos citoyens.

Et vous, députés de nos armées! ô vous, noble élite de ces braves, dont les nombreux exploits nous ont consolés tant de fois de nos malheurs, et ont si glorieusement expié nos crimes! ô vous, égarés un moment par un perfide, qui ne vous appelle et ne vous caresse aujourd'hui que pour s'élever, à l'aide de vos cadavres amoncelés, sur un trône loin duquel le repoussent et la France et l'Europe, GUERRIERS FRANÇOIS, hâtez-vous de réparer la seule faute que la patrie et l'honneur vous reprochent! Qu'un noble repentir efface cette unique tache imprimée sur tant de trophées! Sachez résister à de criminelles suggestions! Chargés avec l'élite de nos citoyens de rechercher, de constater le vœu du peuple, lorsque ce vœu se manifeste si clairement à vous de toutes parts; entendez-le, proclamez-le; et qu'à votre voix le tyran épouvanté fuie du palais de nos rois, que souille sa présence; qu'il s'exile pour toujours loin, bien loin de cette belle France, qu'il brûle dans sa rage de ravager encore et d'inonder de sang! Que notre roi reparoisse parmi nous, entouré de son armée rendue à elle-même, à son prince, à son père!

Ainsi, guerriers françois, vous triompherez encore une fois de toutes les armées réunies de l'Allemagne, de la Russie, de l'Angleterre! Ainsi, votre courage aura de nouveau conquis en un jour, sans une seule goutte de sang, la paix au monde ! Ainsi, après avoir tant de fois vaincu l'Europe, vous mériterez d'en être proclamés les pacificateurs !

L. S. G. L. B. R. T. C. R. D. S. S. S. N. S.

A PARIS, 26 MAI 1815.

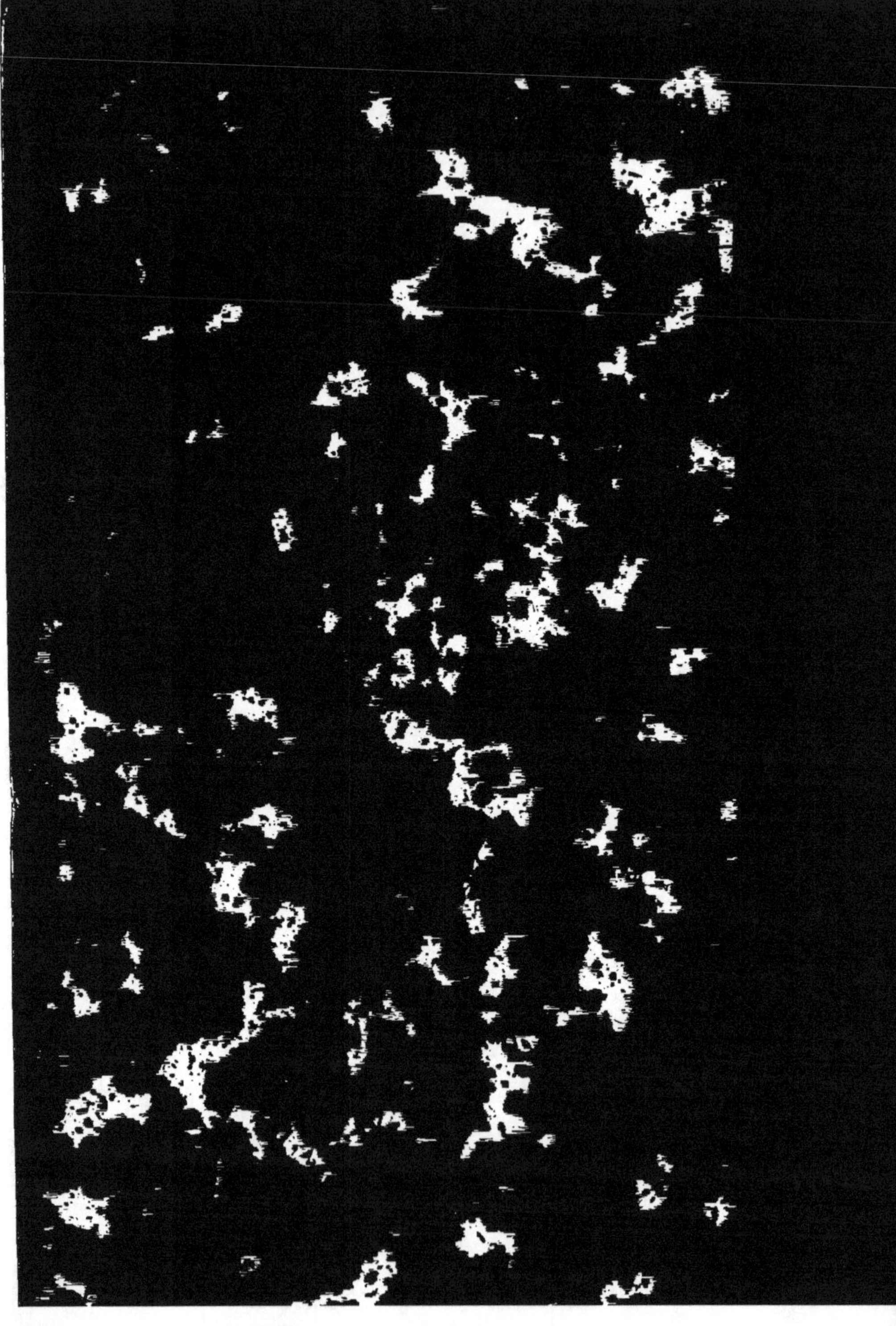

9 782013 260978